어머니의 기도

조현술 시조집

도서출판 경남

경남시인선 146

어머니의 기도

조현술 시조집

펴낸날 | 2012년 7월 25일

지은이 | 조 현 술
펴낸이 | 오 하 룡
펴낸곳 | 도서출판 경남

주 소 | 창원시 마산합포구 남성로 42
연락처 | (055)245-8818~8819
홈페이지 | www.gnbook.com
블로그 | gnbook.tistory.com
이메일 | gnbook@empal.com
등 록 | 제2호(1985. 5. 6.)
편집팀 | 오태민 | 심경애 | 구도희

ISBN 978-89-7675-774-6-03810

〔값 8,000원〕

■ 시인의 말

시조 속에 시가 있어야 생동감이 있다

시의 의미는 무엇이며 시조의 의미는 무엇일까를 생각한다. 이어 시조 속에 시가 있어야 생동감이 있다고 하는 의미도 생각해본다. 시詩만을 가까이 접하는 사람들은 시조時調를 대하면 간혹 시의 의미로 해석하여 질적 수준까지 의미를 부여하는 것을 보면 쓴웃음을 머금고 애석한 생각을 할 때가 있다. 그 사람은 시조 속에서 시가 말하는 상징, 메타포의 시적 밀도를 찾으려고 하는 것이리라. 그러면서도 그런 사람의 의견에 간혹 동참할 경우도 있다. 현대에 와서는 전통적인 시조만으로는 대중성을 잃어가고 있다는 것을 생각하게 된다. 시조 속에 시가 살아 있어야 비로소 대중성을 확보하는 것이라 본다. 이 점에서 갈등하며 부끄러운 시조 몇 편을 묶어 보았다.

어머니의 기도는 육신이 녹아 사랑의 이름으로 응결시켜 놓은 기氣의 결정체이다. 어머니의 가슴속에는 뜨거운 용광로 같은 사랑이 끓고 있지만, 어머니 머리에는 얼음보다 더 차갑고 예리한 기가 살아 있다. 그것이 어머니의 기도이다.

삽화揷畵 같은 나의 '어머니 기도'를 부끄럽게 비쳐본다. 내가 세 살 남짓할 적에 어머니는 나를 두고 돌아가셨다. 자박자박 걸음마를 배우는 어린 자식을 두고 어머니는 목매어 어떻게 눈을 감았을까? 지금 이 나이에도 '어머니'란 말만 들어도 콧등이 찡해오고 눈시울이 뜨거워 오는 것은 어쩔 수 없다.

나는 모정을 향한 목마름을 스스로 다스릴 수 없었다. 과자에 의해 움직인다는 10대도 과자보다 어머니의 사랑에 목말라했고, 연인에 의해 움직인다는 20대도 연인보다 어머니 사랑에 갈증을 다스리느라 차가운 자취방에서 울먹이었다.

들꽃, 어느 날부터인가 나는 들꽃에 인간의 정情을 접목했는지 모른다. 어머니를 들꽃의 이미지에서 찾은 것 같다. 포근하고 언제 찾아도 싫지 않게 웃어주는 들꽃이 좋아서 그랬는지 모른다. 들꽃은 나에게 어머니의 기도이다.

그런 까닭으로 들꽃에 정을 주고 들꽃 이름을 외우고 이를 다시 시란 형식으로 형상화하게 되었다. 간혹 이런 나를 보고 생태시조를 쓴다고 그런다. 꽃의 이름을 외우는 것도 생태시의 의미를 부여한다면 기꺼이 생태시의 갈숲에 숨어들고 싶다. 그 이름을 외우는 것도 그 대상을 사랑하는 의미임에는 틀림이 없다.

> 그 부드럽고 차진 흙은 내 삶이며, 졸졸졸 맑게 흐르는 물은 내 피이며, 아름답게 우거진 수목들은 내 머리털이며, 밀물과 썰물로 나드는 푸른 바다는 내 심장이며, 찬란하게 빛나는 하늘은 내 영혼이다.
>
> —〈생태시 선언문〉에서

이슬처럼 맑은 나의 영혼은 생태문학의 한 늪 속에 들어갔으면 하는 바람이다. 인간의 이기적인 삶을 위하여 무차별 파괴하는 전쟁, 원전 사고, 난개발 현장에서 자연과 인간의 공존의식을 가진 생태시 한 구절이 경계의 상징이 되어 그들에게 냉정이 찾아지기를 바란다.

"어머니의 기도"는 온 누리의 들꽃에서 오늘도 햇살처럼 끊임없이 계속될 것이다.

들꽃이 흐드러지게 핀 혜광 정원에서
춘목春木 조현숲

| 차 례 |

둘. 어머니의 여름

셋. 어머니의 가을

넷. 어머니의 겨울

하나. 어머니의 봄

봄햇살 다독다독
통통 부은 젖가슴꽃
바람이 주둥이로 한사코 부벼대면
젖먹이
두고 온 여인
젖망울로 젖어온다

철없이 칭얼대며 달라붙는 바람결들
서러움 갈피갈피 송이마다 매달리면
하이얀 젖가슴마다
울음 되어 흐느낀다

—〈이팝나무꽃〉 중에서

어머니의 봄

첫새벽 숨죽여 몽실몽실 다가와서
여린 손 찰브락이며 포옹하는 안개무리
그것은 소리 없는 기도 어머니의 가슴이다

어머니 기도 속에 육신이 녹아 있어
숨소리 죽여가며 안개로 다가와서
내 영혼 깊은 바닥까지 포근하게 안아준다

품은 것은 가슴속의 사랑만은 아니다
칼 같은 예리함도 머릿속에 품었다
내 몸은 어머니의 기도 그 영혼의 조각彫刻이다.

옷깃이 촉촉하게 적셔든 새벽안개
머릿결 눈섶마다 함초롬히 방울방울
그것은 어머니의 기도 뜨거운 눈물이다

오늘은 가물거리는 촛불로 울고 싶다
마음속 고이는 것은 배 속에 아픈 열 달보다
그림자 따라다니며 기도한 울음이 더 많았었다

이팝나무꽃

봄햇살 다독다독
퉁퉁 부은 젖가슴꽃
바람이 주둥이로 한사코 부벼대면
젖먹이
두고 온 여인
젖망울로 젖어온다

철없이 칭얼대며 달라붙는 바람결들
서러움 갈피갈피 송이마다 매달리면
하이얀 젖가슴마다
울음 되어 흐느낀다.

눈물로 젖어드는
부푸는 꽃송이들
누르면 누를수록
차오르는 울음소리
잔인한
사월의 밤에
두견새도 슬피 운다

사모곡思母曲

사색의 끝자리에 흐느끼는 하얀 깃발
목마른 그리움이 허기져서 모여들면
모정의 두레박 가득 진한 울음 퍼 올린다

붙안고 다독이며 삼켜온 상채기에
서러운 언어들이 헤집고 기어나와
모정의 그루터기에 웅크리고 훌쩍인다

모정을 캐어내는 의식의 막장 속에
참았던 울음들이 분수 되어 터져오면
깊은 밤 촛불 밝히어 방황하는 내 영혼아

의식이 풀어놓은 망아지로 흐느끼며
가슴속 응어리진 아픈 울음 머금고서
산야를 광란의 몸짓으로 울며불며 달리고 싶다

눈 감고 온 산야를 달리다 내달리다
막다른 절벽 앞에 무릎 꿇고 '어무이요'
하늘이 흔들리도록 흐느끼며 울고 싶다

걸어온 길목마다 세워둔 이정표에
목이 쉰 외침들이 울분의 깃발들로
목소리 터져라 터져라 외치고 있었구나

꿈길로 걸어오는 옷자락 끌리는 소리
행여나 고개 들어 낯익은 눈동자인가
연민의 기억가지마다 두 손 모은 기도 소리

어머니의 기도

내 인생의 길목마다
녹아드는 지표마냥

꽃송이 벙글듯이
붉은 밑줄 그으셨다

귀 열면
들릴 듯 말 듯
어머니의 기도 소리

아지랑이

살풀이 무녀 손길 옷자락이 흔들리나
억압의 동토에서 울음 삼킨 저 몸짓들
보일 듯 숨겨진 한을 올올이 풀어낸다.

안으로 다지어온 설움에 북받쳐서
민둥산 풀국새가 피울음을 토해내면
온 누리 잠든 혼령들 깨어나서 술렁인다

긴 겨울 들녘마다 짓밟힌 아픔들이
온 들녘 부들부들 살을 푸는 저 춤사위
겨울밤 휘파람으로 가지 끝에 지새웠다

민들레

—토종 민들레에게

토담가 소박당해
웅크린 여인 모습
부끄러 눈 비비고
안으로 되씹은 한
꽃샘에 글썽인 눈물 하얀 꽃씨 피워댄다

긴 겨울 가지 끝에 걸어본 휘파람
말없이 기웃기웃
실없는 눈길들도
이제는 정든 토담가 다독여 심는 울음

눈보라 신열 돋던 엄동 속 서릿발을
인연의 씨방 속에 서리서리 넣었다가
한 서린
그대 하늘에
목청 돋워 날려보리

살구꽃

댓돌 위 외신짝만 졸고 있는 산골 초가
돌각담 몸 기대어 그리움 목이 타고
뻐꾹새 한나절 울음 외로움만 토해낸다.

봄바람 다독다독 참을수록 더한 고통
눈물만 심어 놓고 돌아나간 길목마다
살구꽃 꽃창을 열고 바람 소리 귀 모은다

달 밝은 이 한밤에 별을 헤며 밤을 새면
행여나 꿈길로나 찾아올 임 있을까
밤마다 살구꽃 등불 받쳐 드는 산골 뜨락

목 련

청상의 시린 한에
소복한 여인이다
꽃샘에 나와 앉아
엮어보는 봄 햇살
연둣빛 옷고름 풀어 차운 하늘 안아본다

설한풍 울음마다 매만진 작은 가슴
차가워 올수록 달구어진 정한으로
고독의 끄트머리에
앉아 우는 여인이여.

모질게 안으로만 쓸어온 깊은 시름
봄햇살 살며시 쓰다듬는 여린 정에
다독인
빛 부신 통곡
터져 나온 하얀 가슴

금낭화

산빛이 고요로 잠이 든 오월 한낮
앵두빛 소프라노 목소리로 걸어 나와
뜨거운 오월의 숲을 잔인토록 흔드누나

산바람 하늘하늘 가슴마다 매달리면
하얗게 속살 피워 솟구치는 폭포 앞에
치마끈 풀어 헤친 너 금낭화의 붉은 몸빛

못 가진 자의 아픔 생각이나 하였는지
잔인한 몸짓으로 달구는 너의 눈빛
소쩍새 저만치 앉아 우는 사연 아는지요

아카시아꽃

온몸을 웅크리어
안으로 숨기지만
은은한 꽃향기로
수줍은 듯 떠는 모습
푸른 숲 하얀 젖가슴 매만지는 오월 햇살

저리는 손길 모아 숨기듯 다독여도
다지면 다질수록 부푸는 가슴패기
젖가슴 풀어 헤치는
짓궂은 바람 한 점

메마른 사랑 입술
한사코 가슴 열면
부비는 입술마다 묻어나는 그대 체취
오늘은
해 저물도록
눈을 감고 숨만 쉬리

마산의 장미꽃

뜨거운 외침들이 허공을 헤매 돌다
검붉은 꽃잎으로 가시 돋아 피어나서
그날의 핏빛 멍울을 시리도록 떨고 있소

정의에 숨진 목숨 이리도 끈질긴가
새벽녘 꽃잎마다 함초롬한 눈물방울
봉우리 다독일수록 선진피로 울음 운다.

절규하던 목소리가 가시로 다시 돋아
꽃덤불 뒤흔들면 창백한 비명 소리
봄마다 가고파 포구 울음빛 꽃이 핀다.

들찔레꽃 · 1

불 지른 노을들이
영혼으로 살아 올라
이리도 외진 들녘
소복한 들찔레꽃
빈 마음 하얀 그리움 가슴 가득 차오른다

온 들녘 수없는 은파로 물결치고,
그대 품속 꽃잎 위로 노를 저어 가면
꽃잎 속 자맥질하는
나를 실은 배를 본다

찔레꽃 쓰다듬는
저리는 손길마다
사랑빛 그리움이
울음으로 타는데
눈 감고
허우적여도
꽃내음만 감겨드오.

벚꽃 · 1

인연을 끊으면 저토록 자유로울까
꽃잎의 춤사위가 황홀하게 흔들리어
아쉽듯 손사래하며 꽃나비로 흩날리오

우리네 인생도 인연을 끊고 나면
너처럼 자유 찾아 삶의 고뇌 벗어날까
이승에 잡힌 포충망 이리도 무거운데

애증도 이승의 아름다운 꽃이기에
삶의 가슴 부여잡고 바람결에 흔들리며
한 조각 질긴 인연의 끈 끊지 못해 몸부림치오

라일락꽃

진붉게 타오르는
장미꽃 넝쿨 피해
계절의 한켠에서
배신의 울음 우는
처절한 숫처녀 가슴 하이얀 꽃구름 떼

부푸는 꽃뭉치 속 비수만 날카로워
배신한 연인 향한
차가운 눈길인데
가슴속 차디찬 분노 꽃송이로 부풀었소

하얗게 저려오는
배신을 삼키느라
분노의 꽃뭉치를 안으로 다지는데
아는가
부풀어진 만큼
비수로 번득임을

들찔레꽃 · 2

봄햇살 당사실로
내리는 청보리밭
바람들이 풀물 밴
밭이랑을 휘돌아와
거친 숨 할딱이면서 부벼대는 꽃잎 가슴

하르르 하얀 꽃잎 한 겹씩 웃음 열면
마음속 길섶으로
스며드는 보드라움
눈감고 마음 길 닫아도 젖어드는 그 손길이

비우면 비울수록 마음속 갈피갈피
물안개 뭉실뭉실 피어나는 꽃잎 향기
찰브락
하얀 그리움
감겨드는 속옷 내음

산수유

샛노란 안개무리 몽실몽실 피어나면
투명한 수채화로 꿈길처럼 흔들리고
숨었던 봄소리들이 기지개로 일어선다

산수유 팔을 괴고 봄언덕 기웃대며
나비도 살펴보고 소쩍새도 깨우는데
아뿔싸 너에게 취한 나의 봄꿈 어찌하나

티없는 너 앞에서 들켜버린 마음자락
차라리 가슴 열고 마주하고 앉아보면
꽃향에 뒹굴어 보고 봄날 하루 울고 싶다.

할미꽃

무채색 시간들을 봄언덕에 물고 서서
시린 눈 부비고 빨간 속잎 내밀어도
어쩌나 서러운 눈발 오므리는 꽃봉오리

할미꽃 귀하다는 말에 어느 사람 호미질에 붙잡혀 화분에 심겼다가 겨우내 목이 말라 비뚤어진 그 모습이 - 유산과 연말정산에 붙잡혀 큰딸 집 작은아들 집 막내딸 집 떠돌다가 어느 양지녘에 웅크리고 앉아 겨울햇살 모으고 있는 그 모습이 - 원하는 것 훌훌 털어주고 찬바람 언덕에 앉아 호호호 하늘만 바라본다.

미련만 물고 서서 고개 숙인 언덕길에
기다리면 기다릴수록 서러운 마음 갈피
오늘도 백발 머리숱 바람결에 빗고 있다.

장미꽃

첫사랑 붉어오듯
송이송이 타는 마음
마음속 구석구석
설레임의 촉이 트면
비워둔 마음의 방에 꽃불로만 타고 있소

아슴한 꿈길에나 흐를 듯한 고운 선율
숨죽여 안으로 안으로만 다스리다
그대의 불타는 가슴
가시로 돋아났소

타오른 열병 앞에 힘겨워 쓰러지면
가시의 아픔마저 손끝으로 울고 싶어
숨겨온
사랑이란 단어
꿈빛으로 현상한다

벗꽃 · 2

봄햇살 눈 비비고
녹슨 계절 걷어내면
옷고름 풀어지듯
꽃문을 열어젖히며
가득한 봄하늘 가슴 저 눈부신 소리소리

화사한 꽃빛 채울수록
가슴 아련히 비워와서
손 내밀면 그만큼 더 멀어지는 시간 앞에
잊혀진 초록 시간들 흑백필름으로 할딱이오

지나간 간이역 같은
젊음의 시간들이
오늘은 차운 가슴을 꽃내음으로 데워 와서
이토록
서글픈 가슴
잔인하게 뒤흔든다

꽃들이 우는 밤

오월의 깊은 밤 가운데 한가운데
꽃들이 흐느끼는 소리를 들어본 적 있나요
찢겨진 육신의 고통 삼키는 속울음을

사랑의 노랫가락 흥겹게 오를수록
꽃들이 축제의 빛 그 깃발을 흔들수록
버려진 영혼의 아픔 처절한 숨소리다

깊은 밤 꽃 숲에는 숨소리만 할딱인다
찢겨지고 버려진 육신의 아픔보다
이름이 잊혀진 고통 신음하는 오월의 밤

산사의 여인

칠월의 숲들만이
은밀하게 숨쉬는 곳
산자락 외진 산사
풍경 소리 잠이 든 밤
아슴한 한 폭 수채화 촛불 앞에 우는 여인

촛불이 타오를 적마다 족쇄처럼 채워졌던 일상들 털어내어 태워버리고 싶은 여인 아직은 젊음의 뜨거움이 가슴 깊은 곳에 용광로같이 끓고 있는 욕망 스스로 다스리지 못해 초록의 산야로 떠나온 여인

가냘픈 울음처럼 촛불이 흔들리는데
여인의 목마름이 울음으로 타는데
산사의
독경 소리에
촛불마저 흐느낀다

둘. 어머니의 여름

떨리는 하얀 꽃잎 푸른 잎에 숨기고서
생전에 다독이던 자장가 그 목소리
오늘은 박꽃으로 와서
바람결로 흔들리오

참으면 참을수록 적셔오는 하얀 꽃잎
목놓아 불러 봐도 바람 소리 외로운데
한 품고
떠난 이승길
꽃잎 떨어 흐느끼오

—〈박꽃〉 중에서

어머니의 여름

불면의 타는 가슴
밤마다 재우느라

고뇌의 생각 자락
굵은 현 질러놓고

이 한밤
풀벌레 합창
울음으로 기도한다

박 꽃

초여름 새벽녘에
찾아온 내 어머니
눈물이듯 함초롬한
이슬 떨기 머금고서
행여나 단잠 깨울까 토담 위에 웅크렸다

떨리는 하얀 꽃잎 푸른 잎에 숨기고서
생전에 다독이던 자장가 그 목소리
오늘은 박꽃으로 와서
바람결로 흔들리오

참으면 참을수록 적셔오는 하얀 꽃잎
목놓아 불러 봐도 바람 소리 외로운데
한 품고
떠난 이승길
꽃잎 떨어 흐느끼오

벌 초

이승의 인고처럼 길길이 엉킨 잡초
저리는 손길 모아 풀넝쿨 걷어내면
못다 한 속앓이 한이 풀벌레로 울음하오.

이제는 거두지도 버리지도 못하는 맘
하늘의 한 귀퉁이 서성이는 그림자여
이 자리 어느 한곳에 빗방울로 내리려나

망초꽃 흔들리는 영혼의 길섶에서
향불처럼 아스라이 지그시 바라보면
먼 하늘 당신의 숨결 흰구름 속 피어나오

달맞이꽃 · 1

바닥난 그리움을
길어 올린 두레박에
모정의 찌꺼기가
황톳물로 묻어나면
달님이 낮게 내려앉아 울음으로 다독인다.

뜰 안을 지키고 있는 달맞이꽃 무리들이
기다림에 지쳐지쳐
노랗게 빛바래져
처절한 속울음 안고 달빛만 머금었소

만나는 길이 있어 달빛으로 온다기에
밤마다 빈 뜨락을 지키며 피어보지만
어머니
아련한 모습
빈 달빛만 흔들리오

자귀나무꽃

유월의 산등성에 연붉은 꽃잎들이
수줍게 아슴아슴 꿈인 듯 깨어나서
임 찾는 더듬이 되어 꽃술 끝이 떨고 있다

피 저린 아픈 사연 땅심에 심었다가
이승에 못다 한 한恨 꽃술로 피어나면
바람도 눈물 머금고 빗질하며 다독인다

긴 세월 절규들이 떠돌다가 녹슨 가슴
이제는 버리지도 더하지도 못하는 몸
애타는 혼의 그늘 숲 꽃향기로 살아 핀다

이 끼

촉촉해진 젖가슴
여린 몸을 감싸 안고
숲속의 바람 소리
숨죽여 귀 기울이며
차가운 바윗덩이를 다독이듯 품고 있다

솔숲에 쏟아지는 햇살로 빗질하다
산바람 밤이 오면
온몸이 시려올까
결 고운
몸을 다독여
잠재우는 어머니 품

산을 위한 노래

왜 너를 찾았느냐 묻지를 말아다오
사랑이 그러하듯 끌려드는 것을 어떡해
포근히 네 품에 안기는 그 숨결 때문인데

귀천을 가리었고 빈부를 가렸다면
구태여 너를 찾지 않았을 것이다
오로지 모든 것 품어주는 네 가슴이 좋아서지

세상사 모두가 팽개치고 나를 외면해도
너만은 우뚝 서서 나를 말없이 맞아주더구나
배시시 산등성이마다 산꽃으로 웃으면서

봄이면 소녀처럼 까르르 흐드러지게 웃고
여름엔 여인처럼 깊은 품을 열어주었지
그렇게 넓은 가슴으로 맞아준 너였었지

가을엔 온갖 단풍 물들여 내어걸며
겨울엔 가지마다 설화를 피워놓고
사계절 가슴을 열고 산꽃으로 웃고 있지

노을이 흐르는 강

노을이 붉게 타는
강마을 언덕에 서면
그리운 이름들이
산새의 날갯짓으로
햇살로 붉은 강물에 포롱포롱 오릅니다

사랑이 사색의 지층 속에 숨을 쉬다
그리운 얼굴 되어
노을 속에 붉게 타면
그대의 가슴 적시는 노랫가락 다가옵니다

사랑하는 것보다 잊는다는 것이 더 아프다는 것을
노을이 저렇게 타오르는 것을 보고서야 알았어요
그리움
가득히 흐르는
강물 위의 그대 얼굴

파 도

못 이뤄 아린 가슴 애타는 선머슴애
한사코 부딪히는 피멍 든 울음소리
안으로 재워온 사랑 돌팍마다 매달리오

할딱이는 가슴으로 뻗어보는 하얀 손길
차가운 돌바위로 돌아앉는 그대 앞에
다져온 성난 몸부림 바다 몸이 꿈틀대오

벼랑을 차오르는 물보라 목쉰 소리
벙어리 냉가슴 속으로 타는 열기
뜨거운 염원의 갈증 물보라로 적셔주오

싸리꽃

싸리꽃이 윤사월
숲속에 피는 뜻은
흰구름 내려앉을
둥지를 틀었다가
세상사 때 묻은 일들 가슴속에 품을 거다

가슴속 품은 일들 스님 장삼 스며들어
똑똑똑 목탁 소리
부처님께 고할 거다
인간사 속죄한 일들 하늘까지 떠돈다고

죄들에 시달려온 허기진 부처님이
윤사월 초파일엔 눈감고 귀도 막아
하이얀
싸리꽃밭에
눈물 한 점 떨구었다

산나리꽃

다투던 이념의 벽 오갈 데 없어서
사색의 끝자리를 찾아 나선 바위틈에
다독여 울고 싶은 맘 선혈로서 타고 있다.

상념의 편린들을 다독여 재웠지만
가슴속 타고 있는 분노의 불길들은
이토록 외진 산골에 울음으로 붉게 된다

찢겨진 우상들을 하나 둘 모을수록
쓰러지는 오늘 앞에 허황된 나를 보며
마지막 가슴 붙안고 찢어지는 핏빛 꽃잎

도라지꽃

솔밭길 외진 골에
눈시울 적시는
하얗게 이지러진
낮달 같은 너를 보면
수줍은 너의 눈빛이 서럽도록 아름답다

일상의 쳇바퀴에 현기증 귀 울림도
눈 끝에 아리는
너 앞에 다가서면
눈물진 청초한 잎에 느낌표만 찍어간다.

심청이 넋을 닮아 외진 산골 깨어나서
하얀 모습 흔들림이 춤사위로 나부끼어
세상사
꼬인 매듭을
승무로서 풀어준다

달맞이꽃 · 2

무더운 여름 한낮 입 다물고 삭인 사연
달 뜨는 언덕에서 보스스 실눈 뜨면
달빛이 꽃잎에 앉아 그리움 간절하다

애타는 그대 모습 몸부림 떨어보면
귀뚜리 동병상련 울어 주는 이 언덕에
우러러 그대 목소리 어디쯤에 오셨는지

귀 모아 실눈 뜨고 기다림에 지친 꽃잎
찬 이슬 더운 이마 다독여 식히지만
이대로 노란 한 떨기 그리움에 지고 싶소

나팔꽃 · 1

사색의 울타리를
남몰래 기어올라
데워온 가슴패기
다독여 기웃대면
재워둔 그대 사랑빛 초경으로 물이 든다

사랑의 가슴앓이 짙붉은 그 입술에
뜨거운 몸부림을
밤새워 삭혔는데
어쩌랴 이 새벽 광란 상기된 저 입술들

새벽 숲 은밀하게 더워오는 몸부림을
참으면 참을수록 터질 듯 고여들어
파르르
떠는 입술로
스멀대는 아픈 고백

망초꽃

세월이 물굽이로
머뭇대는 강 언덕에
망초꽃 밤하늘에
은하수로 흔들리면
하이얀 그대 옷자락 보일 듯이 나부끼오

이별로 남기고 간 뜨거운 그대 입술
접어둔 마음 갈피
봉긋대며 살아나면
망초꽃 꽃무리 위로 달려드는 숨결 소리

볼이며 이마 위로 감겨드는 그대 입술
빈 가슴 차오르는 그대 향한 숨결인데
어쩌랴
해 저문 강가
울음 우는 산 그림자

나팔꽃 · 2

장님의 손길처럼
더듬어 기어오르면
별빛도 안쓰러워
밤새워 지켜보고
봉오리 진붉은 사랑 새벽창에 밝혀든다

달빛으로 사랑 모아 꽃송이에 품었다가
먼동 빛에 송이 벌려
나비로 날고 싶어
그대의 닫힌 창가에 한사코 부벼댄다

욕망의 꽃잎들이 처절하게 쓰러져서
배신의 시간 앞에 반항으로 꿈틀대면
허황된
꿈의 실타래
바람결에 풀어낸다

채송화

햇살이 발을 내리면 참았던 입들이 열려
이 아침 수다스럽게 왁자지껄 시끄럽다
밤사이 숨죽여 엿들은 별들의 비밀 얘기

별들의 숨은 얘기들 꽃잎에 담았다가
'적이란 자기의 가장 가까운 곳에 있는 거야'
왁자한 난쟁이 꽃밭 비밀 얘기로 꽃물 든다

떨구어 놓은 높은 양반 별들의 이야기
낮은 곳 족속들은 그 일로 수다가 한창인데
별들은 시침을 떼고 기웃대다 몸 숨긴다

접시꽃

—장애 소녀에게

접시꽃 나비의 꿈
꽃잎으로 날고 싶어
바람결에 하느작이며
날갯짓 해대며
나비꿈 접지 못하는 네 모습이 안쓰럽다

푸른 하늘 날아보는 보랏빛 꿈만 안은 채
바람결에 비상하는
몸짓으로 숨 고르지만
안간힘 날개 파닥이다 제풀에 지쳤구나

밤바다 별빛에서 비상의 길 찾아보지만
그럴수록 죄어오는 아픈 가슴 접어 안고
꽃잎들
허우적이며
꿈속으로 날아본다

무지개

무지개 아래 서면 고해성사 소리 들려
가만히 귀를 열고 그 소리들 잡아보면
일곱 색 이승 영혼들 살아온 일 수군댄다

정의로 살아온 삶 빨간색에 올라가고
황금의 화려한 삶 주황색에 머뭇대며
권력에 군림한 삶들 노란색에 줄을 선다

성실한 교육자 삶 초록색에 숨 고르고
성직자 독선적인 삶 파랑색에 오르며
솔직한 책임감의 삶 남색에 올라간다

자수정 예술가의 삶 보라색에 훌쩍인다
문학에 등불 켜고 그림을 노래한 이여
살아온 바람 같은 삶 그래도 설 곳이 있을 텐데

나는야 어느 색 아래에 줄을 설까?
일생을 살아봐도 색깔 없는 삶이라서
무지개 서는 날이면 괜스레 가슴 쥔다

낙동강

실신한 모습으로
두 팔 뻗고 드러누워
신음마저 삼키고
가쁜 숨 몰아쉬니
하느님 내려다보고 눈시울만 붉히누나

문명의 야만성이 할퀴고 간 상처들이
시커먼 아우성 되어
강바닥에 웅크렸소
어쩌나 앙상한 숨결 할딱이는 늙은 어미

벌들도 새소리도 빠진 채 자맥질하고
흰구름 한 자락도 맴돌다 피해가는
낙동강
칠백 리 물길
울음소리 떠가누나

들꽃 무리

계절을 여는 강가 언덕에 나가서면
들꽃의 무리들이 천천히 일어서서
강물에 거울을 하고 추억 조각 줍고 있다.

내 인생의 세월 흐르는 강가 언덕에도 접어둔 기억의 가지마다 그대 향한 그리움이 연둣빛 버들개지처럼 살포시 눈을 뜹니다. 하나 둘 시간의 가지마다 내어걸리는 그대 묻은 노란 손수건 찔레꽃 꽃순마다 새겨둔 그 고운 언약들, 우리들의 얘기가 고여 있는 호수에는 두 송이 그림자로 동동 맴도는 그대와 나의 수채화, 오동잎 잎새마다 묻어둔 우리들의 뜨거운 밀어들과 하얀 눈 위에 찍어둔 그대와 나의 발자국이 계절을 접을 적마다 내 사색의 창을 향해 메아리로 커져옵니다. 내 의식의 포충망에 잡히는 그대 모습이 아직은 물안개 촉촉이 적시는 싱싱한 그리운 들꽃 모습 그대 사유의 뜰에 거니는 나의 모습에는 아직은 짙은 아카시아 향기로 흔들리고 나의 볼과 그대의 입술이 아직은 수줍은 복사꽃 꽃잎으로 숨 쉬고 있습니다. 머언 먼 세월의 강에 그대의 꽃잎과 나의 꽃잎이 하나 둘 이마를 맞대고 흘러가며 나는 그대를 부르고 그

대는 나를 잊어 가며 메아리처럼 흔들리면서 아슴한 강줄기 속으로 뿔뿔이 흩어진 후

기억조차 지워진 세월의 강물 위에는
흰구름 한 송이 떠돌며 기억 묻은
우리들 꽃잎 그림자를 하나 둘 주워 올리겠지.

늪

물새 깃 달고서 늪으로 날아가리
둥지 속 어미 잃은 물새알 품어보면
꿈인 듯 어리는 핏줄 돋아나는 숨결 소리

폐수에 시달려온 파리해진 수초 위로
먹구름 웅웅대며 늪 하늘에 떠다니면
문명의 잔인한 그늘 허연 이빨 날 세운다.

안아줄 품속만큼 죄어드는 아픔으로
늪들은 가슴 벌려 폐놀을 삼키는데
이기의 눈먼 인총들 녹이 스는 빈 가슴아

셋. 어머니의 가을

이슬은 참 귀가
여린 족속인가 보다
밤새껏 귀뚜라미 얘기
다 들어주더니
저토록 눈물방울로 그렁그렁 맺혔구나

지순한 영혼의 얘기 담을 수 없어
마음속 방울방울
진주로 엮었지만
기다린 햇살 앞에서 입 다문 채 떨고 있소

—〈이슬〉 중에서

어머니의 가을

왁자히 썰물처럼
빠져나간 허허로움

호올로 돌아서서
울먹이는 가을밤에

당겨서
바투 쥘수록
멀어지는 어머니다

들국화

계절이 허물어진
한켠에 홀로 서서
씁쓸한 웃음으로
거울 속 빗질하며
흩어진 꿈의 씨앗을 울음으로 줍는 여인

당기면 당길수록 멀어지는 시간 앞에
가을바람 드러누워
단소로 울고 있고
시간이 건널 수 없는 강 언덕에 웅크렸다.

마지막 절규처럼 목이 쉰 꽃잎들이
체념의 눈빛으로 먼 하늘 눈 적시면
노을이
쓰러진 추억
다독거려 잠재운다.

국화 앞에서

서릿길 밟아오는
탁발승 너의 모습
시주할 사랑 한 줌
메말라 눈감으면
내 영혼 벼랑 끝까지 따라오는 목탁 소리

안으로 빗장 걸고 두 귀를 닫았건만
마음속 지름길로
찾아드는 염불 소리
욕망의 곳간에 갇힌 창백한 영혼이여

마음의 갈피갈피 적셔오는 울음소리
어차피 떠나야 할 이승의 그림자
이 아침
허우적이며
피어나는 들꽃 내음

순명의 나이

순명의 나이 강을 건너가는 나루에는
살아온 생채기의 침전된 언어들이
가쁜 숨 몰아쉬면서 문신으로 난무하오

빈 그물 잡아끄는 어부 같은 공허함으로
창가에 홀로 앉아 촛불 하나 밝히면
눈뜬 밤 휘파람 소리 신열 앓는 적막이여

촛불로 타고 있는 허허로운 삶의 무게
아직은 질긴 인연 포승으로 감겨들어
이 밤도 심연의 바닥 훑아 가는 아픔이다

억새꽃

호올로 다듬어
온 서투른 악보 펴면
꾸겨진 햇살 자락
절뚝이고 기어나와
망각의 흰 건반 위로 미친 듯이 내달린다

떨궈논 불씨 하나 데우는 아픈 노래
목숨의 배턴 잇는
숨가쁜 선율이라
바람도 풀뿌리마다 엎드려서 듣고 있다.

지심 속귀 기울인 웅크린 언어들도
눈망울 굴리면서 가쁜 숨 고르는데
외면한
가을 하늘이
기침하며 내려온다

간이역

그대를 쉬게 할
간이역이 되고 싶소
산바람 놀다가고
들꽃 내음 머무는 곳
햇살도 병아리 걸음 종종대는 산골 역사

그대가 우울하여 눈물 젖어 찾는 날에
커피 한 잔 데워놓고
키타를 튕기면서
그리움 눈물 소나타 미치도록 치고 싶소

어느 날 그대가 외면하고 지나가면
역사의 나무마다 그대와 재회 위해
눈부신
노란 손수건
깃발처럼 달고 싶다

구절초

가을이 빗질하는
어우러진 들꽃 속에
바람에 들킬세라
수줍음 입에 물고
수놓듯 점점이 돋는 갈래꽃 너의 얼굴

세상사 고뇌들에 머리채 삭발하고
정갈한 언어들로
목탁 치는 수도 여승
흰구름 산바람 소리 불경으로 감겨드오

어디쯤 기다리나 그리움 끝자리에
산 깊고 물 많은 곳 머리 빗고 합장하면
기나긴
고독의 터널에
무늬지는 하얀 울음

노 을

노을을 향해 서면
몽롱한 주기처럼
한사코 불을 질러
꽃불 피는 서녘 하늘
빈 가슴 채울 길 없어 꽃불로서 피어난다

충혈된 눈망울로 저녁 해가 숨으면
몸부림 스러안고
뒤척이는 서녘 하늘
이 저녁 타오른 불꽃 누구의 사랑인가

포옹이 뜨거우면 가슴까지 적시는가
못다 한 사랑들이 스멀스멀 기어나와
서녘에
붉은 장미꽃
아스라이 피어난다

철새

순명의 나이에는 배회하는 철새 된다
낯익은 언어들이 눈발처럼 스쳐가고
귀향을 체념해 버린 노숙자의 울음 되오

수몰된 기억들과 꿈틀대는 허영들이
퇴색한 시공 속에 지친 날개 파닥이며
목마木馬를 채찍질하는 처절함을 떠올린다.

반딧불 불빛 한 점 희망으로 가물대면
침몰한 적막 속으로 촛불 하나 밝혀들고
이제사 인생의 좌표 한 점을 더듬는다

들꽃 향기

—어느 장애 소년에게

욕망의 꽃에는
향기가 가시로 돋고
권자에 길들여진
꽃에는 오만이 핀다면
진실로 꽃다운 향기 어디서 피어날까

들꽃 같은 모습으로 웃어대는 하얀 젖니
가식 벗은 사람 풍경
드러나는 속살 향기
어쩌랴 하느님 눈은 어느 꽃에 앉으실까

고운 햇살 머금고도 상처난 들꽃들아
질곡의 세월 속에 울음 씹고 건너는 강
햇빛도
안쓰러운지
내려앉아 다독인다

철새

그립단 사연 물고 먼 하늘 날아와서
모정의 길섶 찾는 저리는 발길들에
철새의 아픈 울음들 수초들이 다독인다.

흩뿌린 오염들이 물어뜯는 여물마다
낯설은 이념처럼 날카로운 삶의 파편
그 아픔 자명종 되어 철새들이 우짖는다.

인연의 그루터기 뭉개는 오염들을
수초들 손길 모아 흔들어 헹궈내면
거부의 내 영토 위에 물안개로 피어나리

이 슬

이슬은 참 귀가
여린 족속인가 보다
밤새껏 귀뚜라미 얘기
다 들어주더니
저토록 눈물방울로 그렁그렁 맺혔구나

지순한 영혼의 얘기 담을 수 없어
마음속 방울방울
진주로 엮었지만
기다린 햇살 앞에서 입 다문 채 떨고 있소

착한 게 죄이라서 외로 꼰 몸짓으로
누군가 함께 울어줄 이 찾으려나
살며시
새벽 풀잎에
까치발로 모여든다

달 빛

미루나무 가지 위에
숨죽이고 서성이다
이 한밤 눈길피해
징검징검 건너와서
백사장 입술 부비며 파르라니 떠는 모습

그대의 소곤거림 아른아른 살아올라
애타는 목소리로
한사코 달려들어
강언덕 풀뿌리마다 매달리는 애탄 가슴

오선지에 앉지 못한 낯설은 음표들이
강심에 모여와서 발끝 세워 춤을 추고
더러는
가쁜 숨결로
여린 가슴 다독인다

무늬지는 강물

강물에 무늬지며 손 흔드는 그녀 모습
지우면 지울수록 짙어오는 눈길인데
첫 키스 녹슨 추억으로 아슴아슴 밀려오오

물 위에 줄쳐지는 오선지에 앉는 노래
소리 없이 흐느끼는 음표들이 외로운데
물새는 무슨 사연에 저리도 가슴 죄나

비워둔 가슴속에 물새 울음 채우는데
그 울음 엮어내어 오선지에 앉히고자
서투른 선율 소리만 강심에 흘러간다

돌 섬

파도가 깔아놓은
남실대는 화선지에
흰구름 몽실몽실
무학산도 들어안고
정갈한 수채화 한 폭 전설 얘기 풀어낸다

그 옛날 금도야지 꿈틀대던 몸부림이
섬자락 바위틈에
파도로 칭얼대면
밤마다 돌섬 가슴에 애절한 노래 있다

가락국 부귀영화 접어버린 애절함에
방황에 둥지 찾아 광란으로 불태운 몸
말 없는
금도야지섬
전설로나 꿈적인다

넷. 어머니의 겨울

불길 속에 탁탁 튀는 장작 개비 반항들이
인생의 아우성처럼
오늘을 위협하면
불현듯 강한 커피 향이 입가에 젖어온다

미련이 연기 되어 모락모락 피어나면
못다 한 인연들이 재채기로 다가서고
싸늘한
꿈의 시체들
한 줌 재로 만져본다

—〈모닥불〉 중에서

어머니의 겨울

한 많은 세월 길만
걸어온 게 아니다

찰브락 고사리 손
황홀한 꿈도 많았었다

화려함
그 깊이만큼
겨울밤이 서러웁다

어머니의 손등을 잡으며

힘줄이 불거져 울퉁불퉁 거친 손등
회초리 어디 가고 실낱같은 숨결 앞에
콕콕콕 미더덕 등이 마음 밭에 아려온다

거북등 그 손등에 꾸물대는 그림자는
무거운 세월의 짐 이고 지고 걸어온 길
거친 손 내 볼 부비면 세월 얘기 풀려온다

노을로 젖어오는 강언덕을 바라보면
세월 강 건너오며 묻어둔 얘기들이
마음의 생채기 되어 울음으로 타고 있다

성에

뜨거운 사랑 외침
맺혀질 공간 없이
서투른 언어들로
창가에 모여 앉아
밤새껏 미완성으로 남겨놓은 시화 한 장

얼룩진 물음표와 느낌표만 추워 떨고
얼어붙은 음표 하나
단꿈을 꾸는데
누군가 새봄을 위한 팬플룻 꺼내 분다.

한 켜씩 어둠들이 비켜나 앉은 후에
서서히 들려오는 심장의 박동 소리
그리운
봄의 교향곡
눈물로 녹아든다

모닥불

모닥불 앞에 앉아
눈감고 마음 열면
재로 탄 어제 일과
생나무의 내일들이
이승의 경계선처럼 불길 속에 흔들리오

불길 속에 탁탁 튀는 장작 개비 반항들이
인생의 아우성처럼
오늘을 위협하면
불현듯 강한 커피 향이 입가에 젖어온다.

미련이 연기 되어 모락모락 피어나면
못다 한 인연들이 재채기로 다가서고
싸늘한
꿈의 시체들
한 줌 재로 만져본다

동백꽃 · 1

눈 속에 발가벗은
선홍빛 너의 얼굴
미친 듯 뒹굴면서
달구어진 몸뚱아리
이 겨울 한가운데쯤 처절하게 붉게 타오

실연의 노랫가락 절여오는 가슴앓이
안으로 다독이며
재워온 정한들을
끝내는 참지 못하고 터뜨리는 붉은 울음

뜨겁게 입술 모아 꿈속이듯 다가서면
그만큼 멀어지는 그대의 차운 하늘
방황의
몸부림으로
사태 나는 붉은 바다

설화 · 1

사랑이 꽃 한 송이
피우는 것이라면
겨울 숲 가지마다
수채화로 맺힌 사랑
첫사랑 떨리는 입술 겨울 숲이 따습구나

꽃샘에 잉태할 젖니 같은 꽃눈 하나
안으로 웅크린 채
가슴속에 품었기에
바람결 차가울수록 더워오는 눈꽃가슴

꽃눈에 귀 기울여 가만히 들어보면
고르는 숨결 소리 가슴속 고이는데
오오라
다듬고 있구나
봄을 여는 아리아를

설화 · 2

침묵의 언어들이
솔가지 기울도록
다독여 실어놓은
구애의 목소리들
애타는 무게 그만큼 아리는 하얀 눈빛

순백의 눈망울이 하나 둘 눈을 떠서
눈 쌓인 나뭇가지에
음표로 나폴대면
빛살로 춤추는 여인 더워오는 눈꽃가슴

버선발 즈려 밟고 어설픈 몸짓으로
면사포 얼굴 가려 숨기는 엷은 미소
사랑법
서투른 나는
촛불처럼 울었다오

촛불

고독의 끄트머리
하얗게 이는 갈대
못다 한 가슴가슴
다져온 사념 덩이
불태워 하소연하는 피어리는 몸짓이사

행여나 심지 돋워 찾아 나선 사색길
만나는 길목마다
낯설은 언어들이
이 한밤 어둠 벗기며 더듬는 길손이다

밤새워 헤매어도 낯설은 어둠 속이
보듬을 사랑 한 점 그리도 차가운고
저토록
불꽃 몸부림
새벽녘 목쉰 소리

기 도

뜨겁게 솟구치던
우리들의 사랑 기도
기도의 끝자리에
서성이는 물음표 하나
메마른 그리움들이 절뚝이며 울음한다

목마른 절규가 허공을 헤매이며
소리 없는 분노 되어
깃발로 나부끼어
안아본 빈 포충망 속 빛바랜 이념 뭉치

싸늘한 그림자만 주소 없이 일렁이고
흐릿한 동공으로 숨소리만 할딱인다.
어쩌랴
깜깜한 이 길
더듬어도 가야 할 길

봄 눈

봄눈이 내려 피는 산
숲에 들어가면
소녀의 기도 소리
바람으로 흔들리고
어딘가 촛불 하나가 추억처럼 밝아온다

가만히 귀를 열면 젖어드는 숨결 소리
하얗게 면사포 쓴
나무들이 움찔대고
눈 덮인 양지녘마다 기지개가 간지럽다

그 생명 키우느라 타는 듯한 적막 오고
자욱한 안개 속에 흔들리는 촛불 하나
눈 쌓인
숲을 흔들며
기도 소리 뜨거웁다

독도 · 1

태초의 순간부터
파도의 울음 안고
안으로 안으로만
다져온 한이기에
그리움 부둥켜안고 이제나저제나

흘러온 인생 여정 너처럼 그랬을까
걸어온 하루 이틀
외로운 외침 소리
보고픈 하얀 물거품 지친 그대 목쉰 소리

시린 가슴 다독이다 수평선에 준 눈길
머얼리 어머니 땅 꿈길로 아슴한데
오늘도
느낌표 찍어
울음만 삼키구나

독도 · 2

고독과 그리움이
씨줄날줄 엮어져
허옇게 이빨 세운
파도로 몰려와서
밤마다 부둥켜안은 뜨거운 포옹인데

버려진 사생아의 처절한 울음이듯
바위 끝 발끝 세워
철새들만 우짖는데
쩔뚝여 돌아앉으면 달빛마저 목이 젖어

욕망이 할퀴고 간 이념의 칼자국에
다져온 침묵들이 깃발로 난무한데
들끓는
역사의 핏자국
함성으로 타오른다

겨울나무

하얀 눈 보송보송
수채화를 그리는 밤
면사포 쓴 겨울나무
꿈꾸듯 등불 켜면
가지 끝 작은꿈 씨앗 눈망울이 또랑인다.

울창한 허영들을 미련 없이 털어내고
질투도 떠나보낸
강을 건넌 계절 앞에
이제는 따뜻한 가슴 꿈을 꾸듯 미소진다.

별들이 가지마다 등불을 걸어보면
결 고운 당사실로 한뜸한뜸 꿈을 엮어
이 겨울
고이 다독여
봄밤으로 건너간다

산할아버지

억새꽃 흰머리로 산허리에 흔들리면
빈 이마 등성이가 안쓰럽게 돋아나고
바위들 검버섯 얼굴로 듬성듬성 다가선다

어깨 위 고사목들 무겁게 짓누르면

빈 동굴 겨울바람에 거친 숨소리를 후후 산안개로 뿜어내고 "할아부지!" 산노루, 수리부엉이 울음들이 칭얼거리며 메마른 겨울산 가슴팍에 매달리다 메아리로 애처롭게 돌아가면 이제 모아둔 사랑이야기 꽁꽁 언 얼음 폭포수 아래로 가래 기침 소리처럼 골골 풀어내린다 나무꾼이 양지쪽에서 피운 모닥불이 한숨처럼 담배 연기로 피어오르면

하얗게
내리는 겨울눈
머리 가슴 배 눈 감는다

설화 · 3

한번도 본 적 없는
설레는 얼굴들로
하나 둘 가지마다
살포시 눈을 뜨며
하이얀 젖니 웃음으로 수줍게 깨어난다

마음결 다칠까봐 살며시 다가서서
쬐끔씩 꽃눈 열어
눈길이 마주치면
어느새 가슴 한 구석 더워오고 있구나

그토록 차가운 하늘길 헤매다 찾아와서
뛰는 가슴 다독이며 숨죽여 오직 한 길
손 모아
천년의 기도
꽃송이로 피웠다오

눈이 쌓인 봄산

봄눈이 쌓여 있는
만삭의 산등성이
봄햇살 다독다독
자그시 내리누르면
숨가쁜 산모의 진통 몸부림이 시작된다

나뭇가지 눈송이들 지친 듯이 팽개치고
숲들은 움찔거리며
거친 숨을 할딱이며
봄산은 마지막 신음 참느라고 숨고른다

쩌르릉 얼음장이 갈라지고 물 터지면
참았던 눈망울들 작은 울음 번지고
봄볕은
힘겨운 출산에
하루해가 바쁘단다

종이 되어 울고파서

가지 끝 머뭇대던
저녁 어둠 휘어들어
살아온 삶의 무게가
생채기로 돋아나면
해탈의 종소리 되어 노을에 젖고 싶소

걸어온 자국마다 고여든 아픔들이
하루에도 몇 번씩
종소리로 울고파서
안으로 걸어잠근 빗장 풀어헤쳐 떨어본다.

가슴속 녹슨 추억 적막으로 주저앉아
열병처럼 계절 앓는 마음 길섶 흔들리면
이밤사
메마른 상처
종소리로 울고 싶소

눈물꽃

육신을 삭혀내는
감정의 폐기물들
하나 둘 눈물계단
밟아 올라가면
그 속에 감춰진 사연 꽃송이로 벙그는데

소멸된 빈 가슴에 젖어드는 작은 울음
다문 입 눈물꽃을
한 송이씩 열어보면
타는 듯 황홀한 사연 자욱한 설레임아

촛불 앞 기도하는 녹이 슨 빈 가슴에
지고 온 시간들이 길섶마다 꽃이 되면
고뇌로
걸어온 이 길
흐느끼는 진한 향기

에델바이스

구름과 숱한 별이
외로움에 지쳐
세치의 혀끝에
간음당한 그의 영혼
설악산 외진 골짜기 하얀 입술 떨고 있다.

비바람 긴 세월을 삼켜온 가슴속에
이 땅의 흙내음
토방 이름 달고 싶어
긴 터널 설한풍 속에 염원으로 버텨왔다.

구름 흘러가는 소리를 담아왔고
꽃눈이 숨 쉬는 소리도 담았건만
낯설은
에델바이스
간음당한 그의 이름

학봉鶴峰

일백 년 고갯마루 물음표 하나 물고
목구비 길게 빼고 무언가 찾고 있다.
역사의 뒤안길에서 울음 삼킨 영혼들을

통곡은 차라리 진한 사랑이기에 붉게 타는 동백으로 영글었지만 백 년의 수레바퀴 속에 울음마저 삼킨 영혼들, 학봉의 기슭마다 풀꽃으로 살아 피는데 3 · 1 운동에 이름 없이 숨져간 어느 장님의 목소리는 무슨 꽃으로 피었을까. 정신대의 벙어리 가슴은 갈밭에서 목쉰 소리로 서걱이지만 6 · 25 허기진 피난민의 힘없는 눈빛은 어디로 흘러갔을까? 4 · 19의 가슴 뚫린 정의는 이 산자락 어디를 헤매고 있을까.

학봉의 산자락에 보랏빛 붓꽃에는
누구의 영혼인지 영롱한 눈물 자국
머언 날 무슨 풀꽃에 내 영혼 숨었을까

평설

꽃으로 현현顯現한 어머니의 초상

—조현술의 시조와 사유방식

김복근(문학박사, 시조전문지 《화중련》 주간)

세상에서 가장 아름다운 이름이라는 어머니가 조현술 시인에게는 어떤 존재로 인식되어 있을까. "세 살 남짓할 적에 어머니는 나를 두고 돌아가셨다. 자박자박 걸음마를 배우는 어린 자식을 두고 목매어 어떻게 눈을 감았을까? 지금 이 나이에도 '어머니' 란 말만 들어도 콧등이 찡해오고 눈시울이 뜨거워 오는 것은 어쩔 수 없다.(시인의 말)" 세 살에 어머니를 여의었으니, 그는 어머니의 보살핌 없이 한 생애를 살아온 것이다. 놀라운 일이 아닐 수 없다. 인간이 성장하는데, 어머니는 절대적인 존재다. 어머니가 없는 삶을 살아보지 않은 사람이 어머니 없는 삶을 어떻게 이해하겠는가. 그러나 그는 역경을 헤치면서 바르고 반듯하게 살아왔음을 그의 해적이에서 쉽게 알 수 있다.

조현술은 함안에서 초 · 중 · 고등학교를 다녔고, 마산교육대

학을 졸업했다. 남다른 학구열로 경남대학교 대학원에서 "세계 교단문학에 나타난 교사상 분석"으로 교육학 박사학위를 취득했으며 합천, 함안, 마산에서 초등학교 교사로 재직하다가 지금은 특수학교인 진주혜광학교 교장으로 재직하고 있다. 1985년 경향신문 신춘문예에 동화 〈시인 아저씨가 들려준 노래〉가 당선되어 문단에 나왔으며, 《아빠의 기도》, 《엄마의 노래》, 《까치골에 뜨는 달》, 《별들이 내리는 숲》 등 10여 권의 동화집을 상재한 중진 아동문학가다. 그는 이에 만족하지 않고, 1995년 《현대시조》 신인상에 당선하였으며, 2007년 《한국수필》 신인상에 당선하기도 했다.

무더위가 내리는 지난 유월 초, 눈썹이 유난히 시커먼 그가 한 뭉치의 시조 원고를 들고 왔다. 눈물이 메말라서일까. 작품을 일별한 느낌은 사단칠정이 주는 인간의 기본정서 중에서 절망과 참담함에 더 많은 비중을 두고 살아왔을 신산스런 삶에 비해 그의 어조는 차분할 정도로 담담하다.

시는 시인의 사유방식과 다름없다. 어머니를 일찍 여읜 그는 존재에 대해 남다른 인식을 가지고 있었을 것이다. '존재'란 무엇을 의미하는가? '있다'와 '없다'의 기준은 무엇인가? 이 물음에 대한 답을 찾음으로써 존재에 대한 기본적인 문제들은 그 해답의 실마리를 찾을 수 있다.

조현술 시인은 현실에서 존재하지 않는 어머니의 존재를 상상과 초월의 인식세계에서 꽃으로 재현하여 늘 함께하고 있었던 것 같다. 그는 모정을 향한 목마름을 스스로 다스릴 수 없어

사랑에 목말라했고, 사랑의 갈증을 다스리느라 울먹이기도 했다. 그러던 그가 어느 날부터인가 자신의 정을 꽃으로 접목했는지 모른다. 어머니의 존재에 대한 인식을 꽃의 이미지에서 찾아낸 것이다. 보편적인 사람들의 인식세계에서는 어머니가 세상에서 가장 아름다운 이름으로 존재하지만, 어렸을 때 작고한 시인의 어머니는 화자의 시조에 의해 더 아름다운 존재인 꽃으로 현현顯現하여 새롭게 부활하고 있음을 본다.

봄햇살 다독다독
통통 부은 젖가슴 꽃
바람이 주둥이로 한사코 비벼대면
젖먹이
두고 온 여인
젖멍울로 젖어온다

철없이 칭얼대며 달라붙는 바람결들
서러움 갈피갈피 송이마다 매달리면
하이얀 젖가슴마다
울음 되어 흐느낀다

눈물로 젖어드는
부푸는 꽃송이들
누르면 누를수록

차오르는 울음소리

잔인한

사월의 밤에

두견새도 슬피 운다

―〈이팝나무꽃〉 전문

배고픔은 그리움보다 더 절실한 현실이다. 이팝나무는 이밥나무다. 흰 꽃이 나무를 뒤덮을 듯 흐벅지게 피었을 때, 마치 흰 쌀밥처럼 보인다고 해서 이밥나무라고도 부른다. 굶주림에 한이 맺혀 이밥나무 꽃이 되었다는 꽃보다 슬픈 전설을 가진 이팝나무. 자신의 힘으로 배고픔을 해결할 수 없는 아이에게는 필연적으로 생리적 욕구 해결이 절실하다. 인간의 생물학적인 기본욕구에는 기아, 갈증, 수유, 양육, 휴식 수면, 배설, 유희, 심미 등이 있다. 일반적으로 생물학적인 기본욕구는 자급자족이 불가능하다. 따라서 유아에게 어머니는 선택이 아니라 필수다. 세 살 때부터 어머니와의 사회생활에서 운명적으로 거리를 가지게 된 화자는 본능적으로 자신의 기본적인 욕구 충족이 더 절실할 수 있다.

그러나 화자의 인식은 그리움에서 출발한다. 어머니에 대한 그리움은 배고픔도 해결할 수 있다는 원초적인 미감으로 '바람'이 '주둥이' 를 비벼대면 '젖먹이/ 두고 온 여인/ 젖멍울로 젖어 온다' 고 했다. '바람' 으로 은유된 화자가 '철없이 칭얼대면' 어머니는 '하아얀 젓가슴' 을 내보이며, 못내 서러운 울음을 운다.

조현술 시인에게 이팝나무 꽃은 어머니에 대한 그리움이다. 이팝나무 꽃에서 어머니의 환영幻影을 보고 있는 것이다.

이러한 사유체계는 〈아카시아꽃〉에서도 그대로 드러난다. 우리네 오월은 보릿고개라고 하여 배고픔의 상징으로 등장한다. 우리가 어린 시절에는 웬만한 아이들은 배가 고파 아카시아 꽃을 씹어 먹다가 가위바위보로 아카시아 잎을 따는 놀이를 하면서 배고픔을 잊으려고 했다. 아카시아 꽃은 수더분하면서도 풍성하게 피어난다. 일본에서 건너온 나무라고 지청구를 받기도 하였지만, 아직도 봄만 되면 우리나라 산야를 환하게 밝혀주는 수목이다. '짓궂은 바람 한 점' 이 '젖가슴' 을 풀어헤치면 '부비는 입술마다' 어머니의 '체취' 가 묻어난다고 했다. 프로이드는 아이가 젖을 물고 빨면서 식욕을 충족시키는 현상을 일 단계 성본능으로 보고 있다. 어머니를 그리는 화자는 아카시아 꽃에서도 어머니의 체취를 느끼고 싶어 하는 절실함을 보여준다.

초여름 새벽녘에
찾아온 내 어머니
눈물이듯 함초롬한
이슬 떨기 머금고서
행여나 단잠 깨울까 토담 위에 웅크렸다

떨리는 하얀 꽃잎 푸른 잎에 숨기고서
생전에 다독이던 자장가 그 목소리

오늘은 박꽃으로 와서
바람결로 흔들리오

참으면 참을수록 적셔오는 하얀 꽃잎
목놓아 불러 봐도 바람 소리 외로운데
한 품고
떠난 이승길
꽃잎 떨어 흐느끼오

—〈박꽃〉 전문

어머니에 대한 환영이 깊어지면 '초여름 새벽녘에' 찾아오나 보다. '토담' 위에 핀 박꽃 속에도 어머니가 등장한다. 지극한 모성애로 '눈물이듯 함초롬한/ 이슬 떨기 머금고서/ 행여나 단잠 깨울까 토담 위에 웅크렸다'. 박꽃은 토속적인 서정을 가진 한국의 꽃이다. 어렸을 적 시골 마을에서는 초가지붕이나 울타리, 토담, 밭두렁에서도 쉽게 볼 수 있었다. 박을 타서 크고 작은 살림 도구로 썼고, 박속은 반찬으로 만들어 먹기도 했다. 박꽃을 제대로 아는 중장년 세대는 표현은 다를망정 초가지붕 위에서 순백으로 피어난 박꽃을 생각하면 시골 정취를 쉽게 떠올리게 된다.

결혼 전날 함을 팔러 가서 바가지를 밟아 깨뜨려야 길조라고 했고, 사람이 죽으면 발인제를 하기 전에 바가지를 깨야 망인이 잡귀를 물리치고 명당으로 들어간다고 하는 등 우리 전통생활과 밀접했던 박꽃을 보면서 화자는 가슴속에 그 누구에게도 보이고 싶지 않은, 달님에게도 들키고 싶지 않은 그 사람을 그리워한다. 자신의 내면세계에만 머물게 하고 싶은 사람. 슬픔과 분노가 농익어 어느 누구에게도 보이고 싶지 않는 사람이 바로 그의 어머니다.

> 댓돌 위 외신짝만 졸고 있는 산골 초가
> 돌각담 몸 기대어 그리움 목이 타고
> 뻐꾹새 한나절 울음 외로움만 토해낸다.
>
> 봄바람 다독다독 참을수록 더한 고통
> 눈물만 심어 놓고 돌아나간 길목마다
> 살구꽃 꽃창을 열고 바람 소리 귀 모은다
>
> 달 밝은 이 한밤에 별을 헤며 밤을 새면
> 행여나 꿈길로나 찾아올 임 있을까
> 밤마다 살구꽃 등불 받쳐 드는 산골 뜨락

—〈살구꽃〉 전문

조현술 시인은 한국적인 정취와 전통적인 삶을 살아온 삶의 사유방식을 보여준다. 이팝나무, 아카시아, 박꽃, 살구꽃 등 우리 주변에서 흔히 볼 수 있는 꽃들에게 자신의 감정을 쉽게 이입한다. 살구꽃은 고향을 연상케 한다. 일찍이 이호우는 '살구꽃 핀 마을은 어디나 고향 같다' 고 직정적으로 노래하였는데, 이에 비해 조현술은 그리움과 외로움을 적절하게 비빔질하여 담담하게 진술하는 특징을 보여준다. 화자의 어조는 비교적 평이하지만, 그만큼 내용은 진솔하게 다가온다. 그는 현란한 비유나 이미지를 구사하기보다는 담담한 묘사와 진술로 독자의 관심을 끌어낸다. '댓돌 위 외신짝만 졸고 있는 산골 초가/ 돌각담 몸 기대어 그리움 목이 타고' , '밤마다 살구꽃 등불 받쳐 드는 산골 뜨락' 과 같이 한국적 서정이 물씬 배어나는 표현을 하고 있다.

유월의 산등성에 연붉은 꽃잎들이
수줍게 아슴아슴 꿈인 듯 깨어나서
임 찾는 더듬이 되어 꽃술 끝이 떨고 있다

피 저린 아픈 사연 땅심에 심었다가
이승에 못 다한 한恨 꽃술로 피어나면
바람도 눈물 머금고 빗질하며 다독인다

긴 세월 절규들이 떠돌다가 녹슨 가슴
이제는 버리지도 더하지도 못하는 몸
애타는 혼의 그늘 숲 꽃향기로 살아 핀다

—〈자귀나무꽃〉

'두근거림' 이나 '환희' 라는 꽃말을 가진 자귀나무를 우리는 어렸을 때 소쌀나무, 소밥나무 등으로 불렀다. 시골 마을의 언덕바지에 자생하였지만, 이국적 정취를 풍기는 나무다. 잎은 아카시나무보다 가늘고 작으면서 마주 붙어 있는 겹잎으로 낮에는 활짝 펴져 있다가 밤이 되면 반으로 접히어 합환목으로도 불리었다. 만개를 하면 꽃잎은 보이지 않고, 분홍빛 꽃술이 색실처럼 자라나 멀리서 봐도 그 아름다운 자태가 환하게 드러나는 꽃이다. 녹음이 우거진 초여름에 교목으로 자란 커다란 나무가 꽃을 피우고 있는 모습은 평화로운 풍경화를 연출한다. 어머니를 그리는 화자는 자귀나무 꽃술을 보고도 '이승에 못 다한 한恨' 으로 '임 찾는 더듬이' 가 되어 가녀리게 떨리는 것으로 묘사한다. 무심히 지나가던 '바람도 눈물' 을 '머금고 빗질하며 다독인다.' 세월이 약이라고 하지만, 가슴에 깊이 박혀 있는 한스러움은 영원히 지울 수 없는 것인가 보다. 보편적인 사람들이 '두근거림' 이나 '환희' 를 느끼는 자귀나무 꽃을 보고도 '긴 세월 절규들이' 허공을 '떠돌다가 녹슨 가슴' 이 되는 안타까운 심사는 '혼의 그늘' 이 되어 '꽃향기로 살아' 피는 것으로 오롯하게 개성화된다.

촉촉해진 젖가슴
여린 몸을 감싸 안고
숲속의 바람 소리
숨죽여 귀 기울이며

차가운 바윗덩이를 다독이듯 품고 있다

솔숲에 쏟아지는 햇살로 빗질하다
산바람 밤이 오면
온몸이 시려올까
결 고운
몸을 다독여
잠재우는 어머니 품

―〈이끼〉 전문

이끼는 습기가 많거나 그늘진 곳에서 자생하는 식물이다. 지구상에 만이천여 종이 넘을 만큼 흔하게 분포되어 있으며, 우주 공간에서도 살아갈 만큼 강한 생명력을 갖고 있다. 이끼는 포자 생식을 하면서 가지가 갈라져 나온 세포로 진화한다. 이끼는 광범위하게 존재하고 있지만, 그 존재감이 두드러지게 인식되는 식물은 아니다. 반면에 그 강인함은 유달리 또렷하게 인식된다.

화자는 이끼에게서 '결 고운 몸을 다독여', 아기를 '잠재우는 / 어머니 품'을 연상한다. '촉촉해진 젖가슴/ 여린 몸을 감싸 안고/ 숲속의 바람 소리/ 숨죽여 귀 기울이며/ 차가운 바윗덩이'를 다독이듯 품고 있다. 이끼는 밤에 내리는 이슬을 좋아한다. 이끼는 뿌리에서 빨아들이는 수분보다, 공기 중의 수분으로 생장하는 생리적 특성을 지니고 있다. 화자 자신은 바위로, 어머니는 이끼로 비유하면서 밤이슬로부터 수분을 흡수한다. 응달

바위에서 기생하는 이끼가 아름다운 것도 밤이슬 때문이듯이 꿈속에서도 그리던 '어머니의 품'을 갈망하는 시인의 심상이 영롱하게 수놓여 있다. 이끼로 상징된 어머니는 자신의 존재감보다 자식에게 강인함으로 표상되어 고난을 극복하는 자양분으로 되살아나고 있음을 본다.

'재워둔 그대 사랑빛 초경으로 물이 든다.'고 한 〈나팔꽃 · 1〉에서도 '사랑의 가슴앓이 짙붉은 그 입술에/ 뜨거운 몸부림을/ 밤새워 삭혔는데', '새벽 숲 은밀하게 더워오는 몸부림을/ 참으면 참을수록 터질 듯 고여 들어/ 파르르/ 떠는 입술로' 가슴 '아픈 고백'을 노래했다.

꽃등을 켠 듯 아침에 활짝 핀 나팔꽃을 보면 청순하기 이를 데 없지만, 그 속에는 강한 독성이 있어 독말풀로 불리기도 했다. 식물이 가지고 있는 독성은 살아남기 위한 수단이다. 자신의 존재감을 위해 자신만의 뜨거운 몸부림으로 보이지 않는 존재를 향해 끈질긴 생명력을 보여주는 나팔꽃을 보며, 화자는 자신의 사유방식을 은유적으로 표출하고 있다.

접시꽃 나비의 꿈
꽃잎으로 날고 싶어
바람결에 하느작이며
날갯짓 해대며
나비꿈 접지 못하는 네 모습이 안쓰럽다

푸른 하늘 날아보는 보랏빛 꿈만 안은 채
바람결에 비상하는
몸짓으로 숨 고르지만
안간힘 날개 파닥이다 제풀에 지쳤구나

밤바다 별빛에서 비상의 길 찾아보지만
그럴수록 죄어오는 아픈 가슴 접어 안고
꽃잎들
허우적이며
꿈속으로 날아본다

—〈접시꽃-장애 소녀에게〉 전문

유달리 어머니의 사랑을 그리는 조현술 시인이 특수학교 교장이 된 것은 보이지 않는 어떤 큰 힘에 의해 이루어진 필연적인 인과관계가 있는 것 같다. 어머니로 현현하던 꽃이 〈접시꽃〉에 와서는 장애 소녀에게로 그 고운 눈길이 돌아간다. 접시꽃은 생명력이 강한 식물이다. 마당 어귀에서 몸을 열고 마음껏 피어나는 꽃이다. 심한 가뭄이 아니면 특별히 물을 주지 않아도 잘 자란다. 오히려 물을 많이 주거나 비료를 많이 주면 뿌리가 상하기도 한다. 장애 학생을 보는 장애학교 교장의 마음은 어떠한가. 가슴 아리는 일이 한두 번이 아닐 것이다. '접시꽃 나비의 꿈'을 날고 싶어도 제대로 날지 못하고, '나비꿈'을 접지 못하는 아이가 '안간힘 날개 파닥이다 제풀에' 지쳐 가는 모습을 보는 화자의 마음은 미어질 듯 처연하다.

접시꽃은 다년생 양지 식물이다. 겨울철에는 땅속에 숨어 있다가 이듬해 봄이 되면 새싹이 돋아난다. 해를 오래할수록 줄기가 실하고, 꽃도 많이 핀다. 특별히 물을 주거나 보온을 하지 않아도 되는 접시꽃처럼 특수학교 아이들이 제대로 꿈을 피우기를 염원하는 화자의 마음이 역설적으로 표출되어 있다.

이슬은 참 귀가
여린 족속인가 보다
밤새껏 귀뚜라미 얘기
다 들어주더니
저토록 눈물방울로 그렁그렁 맺혔구나

지순한 영혼의 얘기 담을 수 없어
마음속 방울방울
진주로 엮었지만
기다린 햇살 앞에서 입 다문 채 떨고 있다

착한 게 죄이라서 외로 꼰 몸짓으로
누군가 함께 울어줄 이 찾으려나
살며시
새벽 풀잎에
까치발로 모여든다

—〈이슬〉 전문

이슬은 대기 중에 노출되어 있는 물체의 표면에 맺혀 있는 물방울이다. 바람이 불지 않거나 약한 밤에 생성된다. 풀잎과 나뭇잎, 꽃잎들은 밤이 되면 공기보다 차게 된다. 차게 된 물체의 표면은 주위에 있는 공기를 냉각시키고, 주변에 수증기가 있으면 공기는 이슬점 이하로 내려간다. 이러한 현상에 의해 대기 중의 수증기는 노출된 물체의 표면에 응결된다.

이슬의 결로는 자연현상으로 암석의 풍화작용을 하기도 하고, 식물에 해로운 균류의 성장을 촉진시키기도 하므로 실생활에 유용한 것으로 보기는 어렵다.(브리태니커 백과사전)

그러나 시인은 이슬을 매우 맑고 아름다운 것으로 인식한다. 시의 첫 구절은 신이 내린다는 속설이 있다. 3수 연시조로 된 이 작품의 초장은 '이슬은 참 귀가/ 여린 족속인가 보다' 라는 가구佳句로부터 출발한다. 해맑은 마음을 가진 화자는 밤을 새워 '귀뚜라미 얘기' 를 들어주다가 그 노래에 감동한 이슬이 '눈물방울' 로 맺혔다고 했다. 이른 새벽에 이슬을 보고 '지순한 영혼의 얘기' 를 '담을 수 없어' 마음을 담아 '진주로' 엮어 보지만, 기다리던 '햇살' 은 무서운 기세로 다가온다. '함께 울어줄 이를' 찾아 '까치발' 을 모아 보지만, 불안하기는 매일반이다. 풀잎 위의 이슬을 보라. 화자의 아린 세월과 세파를 헤쳐 나가기 어려운 심성 고운 사람들의 마음을 감성적으로 풀어낸 수작이다.

사랑이 꽃 한 송이
피우는 것이라면

겨울 숲 가지마다
수채화로 맺힌 사랑
첫사랑 떨리는 입술 겨울 숲이 따습구나

꽃샘에 잉태할 젖니 같은 꽃눈 하나
안으로 웅크린 채
가슴속에 품었기에
바람결 차가울수록 더워오는 눈꽃가슴

꽃눈에 귀 기울여 가만히 들어보면
고르는 숨결 소리 가슴속 고이는데
오오라
다듬고 있구나
봄을 여는 아리아를

—〈설화 · 1〉 전문

어머니를 그리는 마음은 꽃이 없는 겨울날, 나무 위에 내린 눈을 보고도 꽃을 연상한다. 어머니의 기도는 한겨울에도 〈설화〉를 피워내어 대자연을 아름답게 수놓는다. 비우고 보내는 미학을 체득한 시인은 극한적인 절망의 한계 상황에서 눈을 뒤집어쓰고 있는 나무를 보고 안쓰러움보다 그 내면세계에 흐르는 따스한 움직임을 감지한다.

겨울은 새로운 생명을 잉태하는 계절이다. '꽃샘에 잉태할 젖니 같은 꽃눈 하나'를 '안으로 웅크린 채/ 가슴속에 품었기에/ 바람결 차가울수록 더워오는 눈꽃가슴'을 안고 있는 것이다. 시인은 보이지 않는 것을 보고, 들리지 않는 것을 듣는 힘이 있는 사람이다. 가만히 귀 기울려 들어보라. '꽃눈'의 숨결 고르는 소리가 들리지 않는가. 우리의 대자연은 눈 내리는 한겨울에도 이미 '봄을 여는 아리아'를 준비하고 있다.

'뜨거운 사랑 외침/ 맺혀질 공간 없이/ 서투른 언어들로/ 창가에 모여 앉아/ 밤새껏 미완성으로 남겨놓은 시화 한 장// 얼룩진 물음표와 느낌표만 추워 떨고/ 얼어붙은 음표 하나/ 단꿈을 꾸는데/ 누군가 새봄을 위한 팬플룻 꺼내 분다.// 한 켜씩 어둠들이 비켜 나 앉은 후에/ 서서히 들려오는 심장의 박동 소리/ 그리운/ 봄의 교향곡/ 눈물로 녹아든다.'(《성에》)

조현술 시인은 도덕적 근원이 되는 본연지성에 충실하게 살아왔다. 그가 즐겨 차용한 시조의 미적 구조는 현란한 서양화西洋花이기보다는 수수한 동양화東洋花를 지향한다. 그의 작품세계 또한 현란한 수사나 이미지보다는 보편적인 언술과 비유를 즐겨 사용하고 있음을 본다

그의 생애사와 사유방식에 의해 그가 빚어낸 작품에 대한 심리적 내면세계를 들여다보면, 가슴 저 깊은 곳에서부터 어머니에 대한 그리움과 외로움이 배어 있음을 볼 수 있다. 김주영은 어머니를 세 번만 거듭 해서 부르면 눈물이 난다고 하였고, 김남조는 '어머니! 이렇게 부르면 지체 없이 격렬한 전류가 온다.'

고 했다.

인간의 개인사를 들여다보면 누구나 고통과 질곡의 삶을 살아왔다고 말할 수 있겠지만, 조현술 시인의 경우는 정말 힘들고 어려운 삶을 살아왔다. 그러나 그는 저간의 저 어려운 삶을 극복하기 위해서 보다 긍정적인 사고로 성실하게 살고 있음을 본다. 하루도 거르지 않고 써온 일기와 매일 하는 운동이 그 집념의 남다름을 보여주는 징표가 된다. 중진 아동문학가로 자리매김한 그가 이번 시조집으로 어떤 평가를 받을지 예단하기는 어려운 일이지만, 그가 빚어낸 작품의 성패에 앞서 그의 구도자적 생애사가 보여주는 삶과 사유방식은 감각적인 메시지를 보여주고 있으므로 이미 유의미한 문학적 상호작용을 하고 있는 것으로 볼 수 있다. 지금까지의 삶과 사유방식으로 보아 그는 앞으로 자기 자신만의 고유한 개성과 새로운 알레고리를 보여주리라는 기대를 안겨주기에 충분하다.